UN
DIARIO
del corazón

UN DIARIO del corazón

ANTOLOGIA POETICA

JORGE AVALOS DELGADILLO

Para realizar pedidos de este libro, contacte con:
Palibrio
1663 Liberty Drive
Suite 200
Bloomington, IN 47403
Gratis desde EE. UU. al 877.407.5847
Gratis desde México al 01.800.288.2243
Gratis desde España al 900.866.949
Desde otro país al +1.812.671.9757
Fax: 01.812.355.1576
ventas@palibrio.com
523762

ÍNDICE

El autor

Gracias a mis musas
Y mentes ilusas
Que me hicieron ver.

Al rostro escondido
Que ver no he podido
Aunque llegué a querer.

Al rostro amado
Que siempre me ha brindado
Apoyo sin par.

A quien me da su amistad
Y me brinda su lealtad
Y me enseña a respetar.

A donde quiera que voy
Por seguir siendo como soy,
Las gracias a Dios doy.

A LO QUE VENGA

Y aquí estoy
Soñando contigo una vez más
Pensando si el amor que tú tienes
Será mío o a quien se lo darás.

Y pensar que nada puedo darte
sólo mi alma un poco desgastada
pues a tu lado yo soy todo
y sin ti, no soy nada.

Le sacaba vueltas al amor
Por temor a fracasar
Pero en mi soledad o delito
De cualquier manera voy a llorar.

A MI ESPOSA

Dulces palabras de amor
que confortaron mi alma
haciéndome perder la razón
y armando un bullicio de la calma.

Palabras que penetran como raíces
hasta lo más hondo de mi corazón,
haciendo que broten lagrimas felices
que no distinguen dolor o pasión.

El amor tan fuertemente anhelado
después de tanto tiempo a mi puerta llega
y visto el corazón de encaje aterciopelado
y mis ansias humanas listas para la entrega.

Dice la gente ignorante e ilusa,
que nunca el amor han conocido,
que este es un amor prohibido.
No importa, si me he convertido en musa.

Ven a mis brazos amor mío
y acabemos con nuestros labios
las tristezas y el hastío,
y que esta unión la bendiga Dios.

A MI MADRE

A ti madre,
Por tu celo
Y tu paciencia,
Por cargarme en tu vientre
Nueve meses sin descanso,
Después de nacido,
el confort en tu regazo,
Dándome la vida
Con tu seno,
Sin temores
Y sin miedo.

Por cuidarme
Y protegerme
Por amarme
y mantenerme,
Por darme tus consejos
Sabios como el más,
Por enseñarme
El sendero de la vida
Y hacérmela más
Dulce y agradable.
Por educarme
Con tu cultura,
Con tu cariño,
Con tu amor.

Por hacerme niño,
Por hacerme hombre,
Por ser como soy…
Por eso madre,
Las gracias te doy.

A TI

Toda la ternura del mundo
Seria para ti.
Todas las caricias que tengo
Se desprenderían de mí.

Y todos los besos escondidos.
Que nadie ha descubierto,
Como un rio desbordado
Llegarían a tu puerto.

Si tan solo dijeras que si,
Si quisieras un poco intentar.
Con hechos te habría de probar
Que no hay nada más puro
Que el sentimiento de amar.

ABRASAME

Tus manos
Como palomas
Que acarician mi piel
Tu cuerpo tan mío
Y siempre tan fiel.

Tus besos me cimbran
De cabeza a pies,
Y siempre tus labios
Yo quiero me des.

Tu cuerpo llameante
De amor y pasión
Hace que me estremezca,
Me abrasa tu amor.

Toco las estrellas
Y también el cielo,
Reposo en tu regazo
Acaricias mi pelo.

Y luego la llama
Nos da la inquietud,
Se enciende el fuego
De la juventud…

AMADA

Una cara de princesa
Con mirada misteriosa,
Con tu boca que es de rosa
Y tu cuerpo para soñar.

Tú no necesitas hablar
Solo mírame a los ojos
Que sabré entender,
Que quieres que te abrace,
Que quieres que te bese,
Que quieres ser mujer.

Quizá mi amor tan puro
O tal vez mi inocencia
Me hace estar en la creencia
Que tu amor es sincero.

Pero ¿qué puedo hacer?
Si en las cosas del querer
No puede uno saber
Cuando miente una mujer.

AMANDOTE

Mis manos ansiosas quieren recorrer
la tersura de tu piel
y mis labios se humedecen al pensar en ti,
añorando de tu boca la miel.
Y aunque los conflictos de la vida
me dejan un sabor a hiel,
esperaré a tu triunfal regreso
y a tu lado siempre fiel.

Cuando estoy a tu lado,
tu ternura me conserva vivo.
Y si me siento cansado,
tu juventud me mantiene activo.
Sé que me aceptas como soy
aunque estoy muy lejos de ser un divo.
Y si hay algunos problemas afectándonos hoy,
a través de ti, solo bendiciones recibo.

Bendigo ese día que te vio nacer
y a Dios que te dio la vida, más bendigo.
Y como he decidido que te voy a querer,
quiero que te sientas mujer, solo conmigo.

AMANTE

Quisiera ser poeta
Y a tu belleza
Dedicarle los más lindos poemas
Que hablen de tu amor y pureza.

Mira que ojos,
Mira que pelo,
Mira que labios
Que son mi desvelo.

Si miro tus grandes ojos
Tan profundos y llenos de misterio,
Es perderme en un abismo,
Es mirar al cielo.

Y ese pelo cual cascada
De formas ondulantes,
Besando tu blanca espalda,
Dichosos amantes.

Y esa rosa roja y exuberante
De primavera, que son tus labios,
Que se entreabren al colibrí,
Quiero ser él y entrar ahí
Y que me ames como yo a ti.

Amarrado

Cuento los segundos que faltan
Para volverte a ver
Y el tiempo me juega una trampa
Queriendo los relojes detener.

Y no me importa si el tiempo desaparece
O si mi reloj se queda parado
O si el mundo se esfuma del mapa
Siempre y cuando este a tu lado.

Si estás aquí me siento valiente
Capaz de enfrentar mi mayor enemigo
Con tu esencia metida en mi mente
Y mis sueños forjados contigo.

Porque siento que te amo
Y quiero que seas todo para mí,
Mis sueños, y mi vida y mis fuerzas
Conmigo atado a ti.

AMEMONOS

Besame con la ternura
De tus labios rojos,
Ámame, como en las noches
De tus pasados enojos.

Siente mis labios
Recorrer tu piel,
Oye el latido
De mi corazón, tierno es el.

Suelta tu pelo
No temas nada,
Y esperemos juntos,
Del amanecer, la alborada.

Cielo y tierra se juntan
Sol y estrellas brillan más,
Y nada es comparado
Al amor que tú me das.

Déjame disfrutarte
Que te encuentro bella,
Yo seré tu sol
Tú serás mi estrella.

Amor o deseo

No sé si tú sepas
Lo que es el amor
O tan solo te hayas dejado
Arrastrar por la pasión.

La pasión se acaba
El amor crece
El fuego se apaga
El amor permanece.

La pasión en un momento
Al cuerpo físico exprime.
El amor lleva al alma
A un cielo puro y sublime.

¿Qué conoces,
Amor, pasión o deseo?
En uno te siento
Y en el otro te veo.

AMOR SECRETO

A tu encanto varonil se aferró la niña
Viviendo en castillos de arena
Y flotando sobre calles de algodón.
Adornado con flores de la campiña
Sin conocer ningún dolor o pena
Pues para ti era su corazón.

Mi príncipe azul, resultó plebeyo,
Cortando de tajo mi ilusión.
Despertándome de un sueño tan bello
Y cayendo del pedestal tan alto
Que un día mi alma le regaló.

De haber amado no me arrepiento,
De lo que no fue y pudo haber sido.
Solo hay algo que de verdad lamento,
Que la espera fuese tiempo perdido.

¡Vaya forma de despertar!

ANHELO

Oh, frio de invierno
Que me haces, anhelar el calor
De su cuerpo y dulce sabor
De sus labios siempre eterno.

Cuando con sus labios me besaba
Cada parte de mi cuerpo,
Terminaba casi yerto,
Con su cuerpo me quemaba.

Con sus ojos me miraba,
Con sus labios me acariciaba,
Con su cuerpo me mareaba.

Su amor, suave y tierno
Que me adormilaba…
Oh, frio de invierno.

ANSIEDAD

Te acercas, me besas
Y me haces vibrar,
Tu cuerpo de sueño
Yo quiero pecar.

Tus manos recorren
Ansiosas mi piel,
Tus labios ardientes
Me entregan su miel.

Yo beso tu pecho
Y rompe un suspiro,
El tiempo no cuenta
Quedo en el olvido.

ASI ES, MI AMOR...

¿Qué cómo es mi amor?
No lo preguntes
Por favor.
Porque pena me daría
Tú sabes cómo amaría,
Sin tapujo, ni barreras,
Con pasión y sin carreras,
Y siempre así, querré,
Como el mar,
En su calma,
Como el huracán
con su fuerza,
Con el fuego
De mi alma,
Con amor
Y con franqueza,
Con el corazón
Y el cuerpo,
Con mi voz
Y con mi aliento.
Porque pena
No tendré
Y por siempre
Así amaré.
Amor tendré
Y lo amaré.

ASI SOY

Como no quiero llorar
En letras, expreso mi sentimiento,
Como no se cantar
Mis canciones, tiro al viento.

El orgullo me impide
Que pida perdón
Tenga o no la culpa
En la discusión.

Nunca digo un te quiero
Sin llegar a sentirlo,
Y si lo siento
Pronto hay que decirlo.

Ni busco placeres
En la vida fácil,
Eso de por si
Es sentimiento frágil.

Siempre soy sincero
Y a nadie le miento,
Para que me tengan confianza
Y estar feliz y contento.

Si hay algún amigo
Que me necesita,
Si puedo le ayudo
En lo que solicita.

Odio la mentira
Y la piratería
Aunque en todos nace
La hipocresía.

Agravios y mentiras
Todo eso olvido,
Que me lo hagan a mí
Y no a algún amigo.

Consejos doy
Injurias recibo,
De todos modos
Aún sigo vivo.

Como aquel poeta
De la mano franca,
Yo también cultivo
Mucha rosa blanca.

Doy gracias a Dios
Por ser yo así,
Aunque me encoja
Feliz ya viví.

AYER

Esos ratos de amorosa charla
Hablando de tonterías filosóficas
Bajando estrellas una por una
Y contando a la luna historias épicas.

Caminar tomados de la mano
En un mar de maravillas terrenales
Con las miradas puestas uno en el otro
Haciendo promesas celestiales.

Cuanta belleza disfrutábamos a nuestro alrededor
Miradas y guiños sedientos de amor
Hoy sólo queda la añoranza de ayer
Y el aterrador silencio del abismo entre los dos.

AÑORANZA

Lejos de ti
No soy nada,
Tú cerca de mí
Soy alborada.

¿Qué otra cosa habrá
Más linda que tus ojos
O acaso más dulce
Que tus labios rojos?

Nada se puede comparar
a tu forma de mirar
a la vez picara y tierna,
a la melodía de tu voz
de temple y sempiterna.

De tu pelo rizoso
Y sonrisa encantadora,
Y de todo lo demás
Hiciste que en ti piense ahora.

No me olvides
Quiero ser de ti,
Si aquí estuvieras
Podría ser feliz.

BESO A BESO

Robándole espacio a la noche
y entre sombras escondiendo nuestra entrega
de quien, como un juez altanero,
no entiende, solo juzga y el amor niega.

El roce gentil de tu piel
al ritmo de las olas del mar,
hizo de mí un pobre naufrago
para que sólo en tu playa
pudiese mi barca anclar.

Controlados por el tiempo
que rige a la vida mundana,
un suspiro en el reloj
no fue suficiente y llegó la mañana.

Tu sabor llevo en mi boca
e impregnados mis labios
del jugo de tu pasión.
Y el suave cosquilleo que tu beso provoca
despierta en mí un ansia loca
que quiere poseerte y hacerte el amor.

BODAS DE PLATA

Felices momentos
Que no volverán
Recuerdos ingratos
Que atormentarán
Dos almas iguales
Que un día partirán.

De los cielos claros
A los nubarrones
Que fueron testigos
De algunas traiciones
Y también las musas
De fieles canciones.

Unas cuesta bajo
Otras cuesta arriba
Siempre tratando
De llegar a la cima.

Días de alegría
Otros de tristeza
Pero teniendo
Siempre la fortaleza
De no cometer
Alguna torpeza.

CARTA DE AMOR

Hola ¿Como estas? Espero que muy bien y disfrutando de tus vacaciones. Aunque creo que eres un poco más activa como para estarte todo el tiempo sin hacer nada. ¿Me equivoco?

Si, si, ya sé que me tardé un siglo para escribirte. Te darás cuenta que soy muy flojo para usar el lapicero. Tenía la leve esperanza (no es error ortográfico, corté la palabra adrede) de recibir una carta tuya y la voy a seguir teniendo. Quiero saber de ti, lo que haces, lo que sueñas, lo que te gusta o no te gusta, en fin, quiero conocerte.

Lo poco que se de ti, me gusta, me fascina. Me ha creado una adicción la cual sólo tú puedes seguir alimentando o curarla. A decir verdad, prefiero seguir siendo adicto que ser rehabilitado.

Cuando te conocí, fue como encontrar un lago de aguas puras y cristalinas que mi invitaba a reposar en su playa mientras la brisa se deslizaba sobre mi piel en una caricia suave y prolongada, entretanto, las ninfas cantaban y bailaban al compas del sonido de las olas a tocar la arena.

Hay algo que te quiero preguntar y me gustaría una respuesta honesta y no lo que me encantaría oír.

¿Las percepciones que tengo son ciertas? O ¿Son infundadas? En palabras más bruscas, ¿tengo algún chance contigo?

Cualquiera que sea tu respuesta quiero agradecerte por lo que has hecho en mi vida.

Déjame mostrarte algo de lo que quiero decir.

El sólo haberte conocido
hizo que el pasado
que hería el presente alado
Inmediatamente pasara al olvido.

Sabes, después de haberte conocido, el pasado ya no lastima, ni hiere, ni me pone melancólico, ni mucho menos me hace poner a trabajar la fuente de donde brota agua de mar. ¿Por qué? Porque ahí estás tú como un escudo que me protege de los pinchazos de ese alacrán llamado pasado de ponzoña venenosa que mata muy lento pero efectivo.

Y me vas a disculpar pero, me sentía o mejor dio me he sentido tan feliz y afortunado de haberte conocido, que le he contado de ti a medio mundo, de lo linda y especial que eres y la flechota que me encajó Cupido en medio de la bomba de la vida. No me disculpo por haberles contado de ti, sino por no tener el amplio vocabulario para poder describirte, aunque no creo que haya palabras adecuadas para poder hacerlo.

Lo que si se es que no pasa ni un día en que no vea tus ojos mirando a los míos y una media sonrisa que la misma Gioconda envidiaría.

Cierro mis ojos y te veo
Como el agua cristalina y viva
Mirándome con esos ojos prometedores
De una felicidad hasta ahora incomprensiva.

Abro los ojos y sueño en ti
De las cosas que podemos hacer unidos
Tomados de la mano recorrer el mundo
Llenos de amor nuestros corazones henchidos.
Eres la más bella ilusión que he tenido,
Eres la estrella que alumbra mi camino
Soplo de aliento que me hace sentir vivo
Eres mi sueño, ilusión y mi final destino.
(ponle las comas donde tú quieras, si quieres)

Si quieres ayudarme a ponerles titulo te lo agradecería mucho.

Caminando en las penumbras
Visitando algunas tumbas
De almas perdidas igual que yo.
Esperando que el arcano
Me tomase de la mano
Y me mostraste un camino mejor.
Y me llevó hasta ti
De dulzura sin fin
Como el extenso sueño azul.
Mi alma, que anduvo perdida,
De tu amor quedó prendida
Para seguir el camino que tomarás tú.

Ahora entiendo lo difícil que es hacer la diferencia en el mundo por más que se trate. Y tan fácil que es dar luz a un mundo personal casi a oscuras sin saber lo que se está haciendo. Así como tú lo has hecho conmigo.

Mis pensamientos vuelan, nadan, caminan, corren contigo como compañera y por supuesto de un modo y de otro.

Glued to the phone
Thinking of you all night
Asking to the stars
If what I am doing is right.

I would like to cut the distance
And get right into your thoughts
To read and decipher your secrets,
There where nobody knows.

I am whatever you want,
all adjectives that can be applied.
I am just a hitchhiker.
Would you please give me a ride?

Creo que con tanta tontería ya te dieron ganas de
entregarte en los brazos de Morfeo por lo cual me despido
deseándote lo mejor de lo más selecto. Y yo aquí me quedo
pensando en ti y con unos deseos infinitos de verte.

Hasta pronto.

Por cierto;
Al correr del tiempo,
Siempre hay un antes y un después en nuestra vida
Algún suceso relevante y tan importante
Que lo usamos como punto de partida.
Y Tú viniste a ser
Mi punto de arranque, de salida.

COMO AMIGOS

Anoche estuvimos platicando
de lo que en tu corazón traes guardado.
Como dos buenos amigos, bromeando,
amantes que así lo han deseado.

Dijiste que he faltado a las promesas
que alguna vez te he hecho.
He prometido enseñarte algo
más no he tenido la paciencia
y estoy muy lejos del dicho al hecho.

Que nuestra relación es fuerte
aunque para un siglo sea corta.
Si no nos separa ni la muerte
mucho menos alguna persona otra.

Sí, hay muchas personas hermosas
en quien quizá llegue a pensar,
pero solo a ti escribo poemas y prosas
pues es a ti a quien he decidido amar.

Si supieras como te extraño,
ya estarías aquí.
Eres tú a quien yo amo
y mi ser te pertenece a ti.

COMO QUISIERA

Quisiera romper…
La barrera que nos separa
Que las cosas vayan
Alrededor nuestro.

Quisiera ser…
Quien más te amara
Y no encontrara
Abismos entre tú y yo.

Ábreme tu corazón
Que en él quiero vivir
Y nunca jamás
De él salir.

Ábreme tu corazón
Y te juro por Dios
Perdernos eternamente
Felices los dos.

CORAL

Tu pelo
De olas
Se pierde en el mar
En tus lindos ojos
Me quiero mirar.

Tu piel, blanca y suave
Luna de cristal,
Tus labios son de ensueño
Como rosas en coral.

Quisiera ser la lluvia
O el manso viento,
Para entrar ahí…
En tu pensamiento.

Besarte y amarte
Con loco frenesí,
Yo todo daría
Por tenerte a ti.

Corazón fácil

Llegaste como un ladrón
Ocupando mi corazón por completo
De ahí se extendió por mi sangre
Ocupando cada parte de mi cuerpo.

Mi mente perdida y sucia
Llena de sueños tan complejos
Solo quiere hoy una cosa:
Que unidos los dos lleguemos a viejos.

Por los tropiezos que la vida da
Pensé que mi corazón había cerrado
Y llegas tú con tu sonrisa y encanto
Y en un instante lo has ocupado.

"COSITA PISIOSA"

Cuando veo tus ojos
Llenos de ternura y amor
Sin resentimiento ni rencor
Mis lágrimas brotan como manantial
Y mi corazón te implora y susurra, perdón.

Todas las rudezas de adulto inmaduro
De seda se vuelven con tu cariño
Corazones de piedra se desmoronan
Ante la mirada pura de un niño.

Cuanto te extraño

Si, tú nunca has estado
Pero hubo la posibilidad
De que estuvieras a mi lado.

Hoy, en mi soledad
Con la fe de un hombre acabado
Espero la vida muestre su bondad.

Sabes, ya nada tiene sentido
Y trato de ganarle a mi enemigo
Pues la distancia es madre del olvido.

Me muerdo los labios por estar contigo
Y la desesperación cumple su cometido
Y el dolor en mi alma se vuelve mi amigo.

¡Te extraño!

DAME TU AMOR

Quítame esta enfermedad
Que lastima mi alma
Tú que eres toda bondad,

Del desierto la palma,
El oasis en su sequedad,
Donde su sed calma.

El que es peregrino
Y solo de ti vive,
De tus labios dale el vino

Que lo embriaga y no concibe
Reaccionar con tino
Pues sin ti no percibe.

Cúrame este mal,
Alivia mi dolor,
Que mi angustia es tal

Que desequilibra mi humor,
Mi alegría habitual
Y solo es por tu amor.

Desencanto

Cuando creí que ya había pasado
Y que ya me tocaba sonreír
Miro al amor que se escapa alado
Y me deja solo de nuevo a sufrir.

Por la experiencia no grata
Que quedo enterrada en el pasado
Es la misma que ahora me ata
Dejando mí ser apesadumbrado.

Una vez el tiempo calmo la herida
Y el tiempo será quien la sane ahora.
No, la fe no está perdida
Solo mi alma es la que sufre y llora.

Pero como siempre, seguiré adelante
Dándome ánimos para poder vivir
No importa que sea un pobre caminante
Con el alma frágil de tanto sufrir.

DESOLACION

Aquí, en la soledad
De mi habitación,
Arrumbado siempre
En mi rincón.

Pensando y sufriendo
Por tu amor,
Llorando y muriendo
Por este dolor.

Me causa tristeza
Y desesperación,
El tenerte cerca
¡Oh, gran tentación…

Sin poder tocarte
Leer ni contarte,
Estas palabras tontas
Mucho menos besarte.

Quisiera tenerte
En un gran altar,
Para noche y día
Poderte mirar.

Y escribirte versos
Para ti nomás,
Y nunca separarme
De ti, jamás, jamás…

DESPEDIDA

De ti me despido
Mujer consentida
Que un beso tuyo
Sea mi despedida.

Me alejo de aquí
A seguir mi vida
A encontrar mi orgullo
Y la fe perdida.

Ese orgullo
Que tú me quitaste
Y también la fe,
¿Por qué me engañaste?

Iré por el mundo
Para ver donde hay
Lo que tanto busco
Y me quedo, Que caray!

Si solo he sufrido
En este mundo cruel,
Me dejaste solo
Por irte con él.

Ahora nada importa
De lo que me pasa,
Tu misma dijiste:
"Ese ya no la hace".

Sabor amargo
De mi seca boca,
Que un día a ti,
A sufrir te toca.

DIANA

Desde el momento que te conocí
Supe que había nacido para ti
Y después de luchar por tenerte
Al sabor de mis besos te hiciste fuerte.

No sé cómo llegar a ti
Y que de tus labios brote
Esa hermosa palabra llamada Si.
Pero una cosa mi mente si sabe
Que te espere y de mi corazón
Te entrega la llave.

Dolor de ausencia

Me duele el saber que sufres
Y que de algún modo mía es la culpa
Quisiera tenerte a mi lado
En vez de la incertidumbre
Que oprime mi pecho
De saber si en otro lecho
Se enciende alguna lumbre
O algún fuego queda apagado.

No, no son celos
Los que atormentan mi mente
Ni egoísmos vanos
Que nos atan fuertemente.

Es solo que el tiempo pasa
Y me desespero por volver a verte
Mirarme en tus ojos, besar tus labios
Y si es posible, en mis brazos tenerte.

¿DONDE?

Al amor de mi vida
¿Dónde encontraré?
La ilusión que me anima
¿Dónde buscaré?

Será tal vez
Que aún no nace,
Será que no hay
Lo que a mí me place.

Será que no hay
La que a mí me bese,
Será tal vez
Que aún no crece.

Mientras tanto
Seguiré buscando
Y sin conocerle
La estaré amando.

DUENDE

Como duende que busca el Tesoro
Al final del arcoíris,
así también tu presencia busco
Deseando tan sólo me mires.

Así como el duende cree
que ha llegado a su destino,
llego yo para darme cuenta
que has tomado otro camino.

Te vas como brisa del mar
acariciándome la piel en tu partida.
Llevándote contigo a la par,
mi ya debilitado soplo de vida.

Así como el duende sigue el arcoíris
por el tiempo que viva,
así yo te seguiré con nuevos bríos,
Aunque tú me seas esquiva.

Dulce entrega

Cada vez que pienso en ti
El mundo material desaparece
Viajo en un espacio sin fin
Y mi universo crece y crece.

De tus ojos claros y vivos
Brotan estrellas de un brillo sin igual
Y tus labios rojos me dan el motivo
De saciar mí sed en su manantial.

Y al rozar tu piel ardiente
Más suave que el terciopelo y seda
Me entrego al arrullo tibio
Que en tus brazos queda.

EL AMOR

El amor es estrella luminosa
Que da luz a todo ser,
El amor es vida
Y es placer.

El amor es ortiga
Que pincha mi corazón,
Es hiel derramada
Que me deja un mal sabor.

El amor
Es la flor de las flores
Es el cielo de colores
Con tinte de felicidad.

El amor
Es todo ternura,
Es cariño que perdura
Por toda la eternidad.

El amor
Es fuego que abrasa
Que a todos alcanza
Y hace soñar.

Es respeto y es paz
Es alegría y sinceridad,
Es tener todo
Lo que se pueda desear.

El amor
Es tu cara, es tu pelo,
El amor, ERES TÚ.

EL FINAL

Antes que podía
Yo no quería,
Ahora que quiero
Ni modo no puedo.

Hice lo que quise
Bendije y maldije,
En mi vida tonta
Hasta lo predije.

Porque nunca quise
Porque nunca amé,
Ahora ustedes saben
De todo el porqué.

Estaba encerrado
En mi tonto orgullo,
Cuando descubrí
Este amor tuyo.

¿Qué quieres que diga?
¿Qué quieres que cante?
Dímelo pronto
Antes de que falte.

¿Para qué quiero dinero?
¿Para qué quiero amor?
Si en estos momentos
Ya me llama Dios.

EL PADRE

Ese hombre maduro
En toda la expresión
Que nos da la vida
Y su bendición.

Del cual muchos
Viven separados,
Porque no se entienden
O están enojados.

Ese hombre bueno
Pilar de la infancia,
Carga sus penas
Con dolor y ansia.

El nos conduce
Con su madurez,
Las cosas que hagamos
Y que no hay que hacer.

Y nosotros tontos,
A sus consejos sanos
Le damos desdén,
Si estuviéramos juntos
Como seres humanos
Viviríamos bien.

Pero el falso orgullo
nos hace creer
que todas las cosas
sin ayuda de nadie
las podemos hacer.

Por eso grito,
Que nadie me calle,
Que mientras viva
Amaré a mi padre.

Ese hombre
Que tiene un lento caminar
Un día fue un niño
ágil y fuerte para jugar.

Sus lentos pasos
Indican lo que ha vivido,
Sus apagados ojos
Lo que ha sufrido.

En él se encierran
La paz, el amor, la bondad,
La certidumbre, la experiencia,
Lucha constante en su humanidad.

Perdió cien batallas
Pero no la guerra,
Él que es humano
Muchas veces erra.

Me dio de su plato
Y se quedó él sin comer,
Y en los tiempos de sed
Me dio de beber.

Nunca ha llorado
de tanto sufrir,
tenazmente ha luchado
por sobrevivir.

Me vela si duermo
Me cuida si enfermo,
El sufre por mí.

El es así
Franco y directo,
Sincero y recto.

El sufre si vago
En la noche fría,
El busca que viva
En plena armonía

Sus sabios consejos
me dan la alegría
Que yo necesito
Tener día a día.

EN CUALQUIER HORA

Todo momento
Es para amar
No importa
Que llueva o truene
O en la simple noche,
En su obscuridad.
Amor de veras no solo fugaz.
Cuando esto llegue
Me entenderás.

Si un día llorando
Triste tu estas,
Busca el amor
Y lo encontrarás.

Si al fin del camino
Viejo, cansado y solo,
Alcanzaste a llorar
Y un nuevo cariño
Quieres encontrar,
Te queda poco tiempo
Para disfrutar,
Sal poco del camino
Y déjalo pasar…

ENAMORADO

Que hermoso es
Estar enamorado
El tiempo pasa lento
Me muero si no
Estoy a tu lado.

El día, la noche,
Los días nublados,
El sol y la luna,
Los cielos estrellados.

Si hace calor
O haga frio
Siempre contigo
¡Cariño mío…!

Todo es más bello
Si estoy a tu lado,
Y lo sabes bien
Porque estoy enamorado…

ENSUEÑO

Si así fuera
Como hoy
Los dos solos
Frente a frente
Platicando
De las cosas
Que nos pasan
Diariamente.

Tú me miras
Con pasión,
Y yo,
Con más razón
Nos entregamos
Prestos al amor.

Si siempre así fuera
Y el invierno
No existiera
Siempre seria primavera.

EPIFANÍA

"El amor no existe", me dijiste
Y al paso del tiempo intente
Mostrarte su verdadero significado.
Mi sueño era compartirlo a tu lado
Pero, con la mano en alto hablaste, "detente",
Y este pobre corazón soñador heriste.

De tanto negarlo al fin apareció
Ese sentimiento al que tanto te negaste
Sonriendo alegremente la mano te dio
Y sin verme siquiera, feliz la tomaste.
Allá en el horizonte, tu silueta se perdió
En una dulce entrega, tal como un día soñaste.

ESPERANDO EL AMOR

De pronto llaman
A la puerta,
Me levanto
De mi monotonía,
La abro
Atínenle ¿Quién es?
Es la melancolía
De visita, otra vez.

¿Y el amor?
¿Dónde ha quedado?
¿Es que Dios
Me lo tiene vedado?

O es que en su sabiduría
Se le ha olvidado
Que soy humano
Y quiero ser amado.

¡Pero si ahí viene!
Un poco retrasado,
Vete melancolía,
Y no vuelvas
Jamás a mi lado.

Estar enamorado

No sé porque llegué a creer
Que una reina se fijara en un plebeyo,
La esperanza recorrió todo mi ser
Y se fue formando un sueño tan bello.

La fuerza de la juventud volvió
Y se manifestaron las locuras de adolescente.
Tu piel a mi piel se adherío
Y tu imagen se clavó en mi mente.

El despertar de la mañana fue en ella
Y el trinar de las aves más hermoso.
En los cielos vi brillar una estrella
Y el corazón que palpitaba gozoso.

Pude escuchar el suspiro lejano
Como si mi amada estuviese a mi lado
Y quiso darme el cruel arcano
El hermoso sueño de estar enamorado.

FE EN EL AMOR

El día viene con un futuro incierto,
Amanece y solo es un día más.
Pero mis labios se humedecen y entreabren
Con unas ansias locas de besar.

El brío de mi cuerpo se desespera
Al grado que me hace llorar.
Y mi alma aún joven se rebela
Con una fuerte necesidad de amar.

Quisiera que mi alma gemela
me sacara de este infierno
y entre sus brazos fuertes y tiernos
perderme en un abrazo eterno.

Celebrar mis triunfos y mis sueños
Junto a mi ser amado y tangible
Y sin importar el mundo o sus errores
Nos una un lazo de amor invisible.

Sé que el amor llegará
Sin saber, quizá ya esté aquí.
Se que mi soledad se alejará
Y lograré por fin ser feliz.

FRACASO

He fallado miserablemente en el amor
No sé cómo dar, no sé cómo pedir,
No quiero atar a un corazón
Ni hasta que punto debo exigir.

Si el ser humano es libre,
¿Por qué se promete a otro y falla?
¿Por qué no ser sincero con la pareja
Si en otra persona lo que busca haya?

El doblar las manos, duele.
El perder la dignidad, atormenta.
No sé si vale la pena sacrificarse
Si al final del camino nada cuenta.

Un vacío cubre mi vida,
Yo que quise de amor llenarla
Alguna deuda he de tener pendiente
Y ahora me toca pagarla.

Y por muchas lagrimas que derrame
Ya nada cambia lo hecho.
Veré hasta donde camino
Con este corazón triste y maltrecho.

GRAN AMOR

Yo estaba feliz
Pensaba olvidarte,
y vuelvo a verte
y vuelvo a soñarte.

Tan bien que me sentí
Este tiempo sin mirarte,
Sin tocarte, ni besarte,
Sin perturbarme por ti.

Cuando me mantengo lejos
Siento que descanso,
Luego te veo
Busco tu remanso.

Siento, que si no te tengo
El mundo estalla
No hay nada imposible
Tierra, agua, valla…

Se conjuntan las fuerzas
Del universo celeste,
No hay más grande amor
Como el fuego este.

HE PERDIDO TODO

Cuantas veces
He tratado de buscarte
Cuantas noches
En mis sueños te encontré.

Muchas cosas
Que tengo que decirte
Y que tienes que saber
Pero mi orgullo de hombre
Me hace ver
Que me has ofendido
Y eso no impide
Que te busque otra vez.

Tantas vueltas
Que a tu casa he dado,
Buscando la luz
En mi obscuridad,
He perdido todo,
Mi alma, mi orgullo,
Y mi dignidad.

HEATHER

Hoy pensando en ti,
un júbilo desconocido
se apoderó de mí.

Pensé en tus besos ingenuos
y tus caricias de mariposas
en tu forma de mirarme
y tus sonrisas como ramo de rosas

La que me has dado
y la que aún te falta por darme
es la felicidad que siempre anhelé
y nunca más solo quiero quedarme.

Y con toda esta felicidad
que siento muy dentro de mi ser
no puedo hacerme a la idea
que algún día te irás para no volver.

Doy gracias a Dios
por haberme dado tanta alegría
ya sea en las buenas o en las malas
yo te amo, hijita mía.

HIPOCRESIA

Un beso furtivo,
Un falso remordimiento,
Algo de fantasía
De poema o de cuento.

Un te quiero
Dicho a medias,
Una sonrisa
Con caras serias.

¿Qué piensas de lo que hago?
¿Qué haces de lo que piensas?
¿Lo haces por ti o por mi
Para después pedir dispensas?.

No pienso lo que hago
Ni hago lo que en verdad siento,
Me dejo llevar por el viento
Y vivo solo el momento.

ILUSION

Cuando vengo a verte
A tu casa llego
Toco el timbre
Y no te despego
De mi pensamiento,
Espero un momento para tu llegada
Y esperar a ver,
A ver tu mirada.
Pero nada vale
Este amor mío
Pues siempre a ti
Te encuentro
Con el cuerpo frio.
Tu mirada fría
Con grande desdén
Que lastima mi alma
Y mi corazón también.
Luego yo te digo
En el fondo herido
Mucho he sufrido
y tu amor bendigo
Entonces tú te burlas
de mi alma buena
y me dejas sintiendo
esta cruel condena,
de saber que nunca
al pasar del tiempo
no me amarás
tan solo un momento.
Y yo me conformo
Tan solo con verte,
Y soñar que un día
Podré al fin tenerte.

INCONFORMIDAD

Cuantas veces deseamos
volver el tiempo atrás
mejorar algunas cosas
y cambiar lo que hicimos mal.

De acuerdo a normas establecidas
sea religioso o sea moral,
mi pensamiento no debe ser en ti
si es lo contrario al coral.

Siempre nos acosará la pregunta
de ¿Cómo sería si antes te hubiera conocido?
De si camináramos sobre nubes de algodón
O ¿si la pasión ya se hubiese perdido en el olvido?

Fantasear en el recuerdo de lo que fue
y negar rotundamente nuestra cruel realidad,
es lo que nos queda por hacer
aparte de robarle pellizcos a la felicidad.

Mi corazón no está lisiado
para dejarlo morir.

INDIGNO

¿Qué quieres tú de mí?
Si no soy empírico,
¿Qué busco yo en ti?
Ni lo sé, ni lo critico.

Es que tú forma de ser
A veces me desespera
Y no quiero volver,
No sé si eres sincera.

Luego a solas en mi cuarto
No hago otra cosa que en ti pensar,
Me encuentro de fastidio harto,

Lo tengo que confesar,
De mi dignidad me aparto
Y en mis brazos te vuelvo a estrechar.

INVIERNO

Con sus noches frías y largas
Bailando alrededor de mi cama
Me hacia anhelar en mi desvelo
La tibia compañía de una dama.

Heladas cobijas sobre mi piel
Desolados amaneceres de invierno
Agujas de soledad pinchando mi ser
Haciendo mi sufrimiento eterno.

Pero no hay quien sufra todo el tiempo
De pronto la vida se torna hermosa
Dejando el pasado en el recuerdo
Y dando paso al futuro,
Al lado de mí amada esposa.

Lo prohibido

Un amor entre las sombras
Un bandido en la obscuridad
Que quiere beber tu aliento
Que quiere robar tu mirar.

El no duerme y se desvela
Buscando una sola oportunidad
De que en un momento te quedes sola
Para hacerte saber que tú sola presencia
Lo hace vibrar.

No es culpa de ninguno
El que tu amor pertenezca a otro
Y la impotencia de no tenerte
Cada día lo vuelve loco.

Y tiene que disimular ante la gente
El gran amor que por ti siente
Pero a solas en su soledad
Tu sonrisa y tu mirar ocupan su mente

LUCHEMOS

Aunque la vida parezca
Estar llena de complicaciones,
No dejemos que el amor perezca
En un rincón de nuestros corazones.

Si amamos, quizá algún día lloremos,
Pero va a ser por haber amado.
Pero un orgullo siempre tendremos
De siquiera haber tratado.

Cuanta gente no es capaz
De entregarse, para no sufrir,
Y al final les queda más
Un rincón solitario para de dolor gemir.

La vida es hermosa aunque pinte gris.
Marchemos con bandera de amor en mano
Luchando por ser feliz
Sin darle importancia al arcano.

MARCADO

Cuando estoy a tu lado
Te siento cada vez más distante,
Cuando ante ti, abro lo cerrado
Y es mi corazón anhelante.

Por el destino fui marcado,
Sin ser querido, ser amante,
Y al sentirme amado,
Como puñal, ser cortante.

No sé porqué esto marcó el hado
Si la vida pasa en un instante
Cuando menos… se está acabado.

Sólo queda ser constante,
Aunque a veces hayamos llorado,
Mirando hacia arriba y adelante.

¿ME AMAS?

Me hallo en un predicamento,
Mi mente me da vueltas,
Ya no sé lo que por ti siento
Si en mi vida si o no cuentas.

Cuando a tu lado voy
Sin ganas de reír o hablar,
Ya no sé ni quién soy,
No sé si te quiero amar.

A veces siento celos
De tu vida anterior,
De tus amigos verlos,
Me haces sentirme inferior.

A veces eres inalcanzable
Como la estrella más lejana,
Otras eres razonable
Y mi lucha no es tan vana.

Perdón te pido de antemano
Si por mí una lágrima derramas,
Con celos y enojo nada gano
Quiero saber, si en verdad me amas.

ME VOY

Si yo soy la causa
De tus problemas
Si tengo la culpa
De todas tus penas.

De ti me alejo
Me voy muy lejos
Aunque por dentro
Mi alma se parta
En mil pedazos.

Y mi corazón
Deje de caminar
Por la tristeza cruel
Que es perderte
Tenerte cerca
Y no poder verte.

Casi mirada,
Casi caricia,
Casi beso,
Casi nada…

Más que amor

Un reencuentro sin abrazos,
Una charla sin sonido
Y en nuestras miradas el gozo
De un amor sublime, compartido.

Unos deseos irresistibles de abrazarte
De tomarte entre mis brazos y besarte
Y gritar a los cuatro vientos
Que ahora solo vivo para amarte.

Gracias por esos momentos
En los que me brindaste tu compañía
Y si fuese necesario dar la vuelta al mundo
Para estar contigo, lo haría.

Este cariño que por ti siento
Me lastima y me hace vivir
Y a la vez me da la esperanza
Que algún día nos vamos a unir.

Y si este sentimiento es prohibido
Por causa del cual me condeno
Desafío al mundo por verte
Y a la eternidad no temo.

NACI PARA AMARTE

Lloro, si no estoy
A tu lado,
Lucho por no estar
De ti, alejado.

Si estoy cerca de ti
Soy muy feliz
Si estoy lejos,
Pruebo el cáliz.

Ni un día puedo
Dejar de verte,
Me dejo arrastrar
Por el deseo de tenerte.

A cada momento
Lloro y sufro
Sufro y lloro
Este tormento.

Quisiera olvidarte
De mi mente borrarte,
De mi alma arrancarte,
Pero me es imposible,
Nací para amarte…

NO IMPORTA

Si estoy acompañado
Callado y pensativo,
A veces algo digo
Y quedo de nuevo, ensombrecido.

Busco la soledad
Y cuando lo estoy
Busco la amistad
A donde voy.

Soy un poco vanidoso,
Sin parranda, perezoso,
Para olvidar mis penas
Trato de arreglar las ajenas.

Me enamoro fácilmente
De perdido, siento estarlo,
No me cansaré de buscarlo
Para vivir felizmente.

Si estoy solo, soy feliz,
Acompañado, también,
No me importa con quien,
Al final, deba de seguir.

NO SE

No sé qué me pasa,
No sé qué es lo que tengo
Si quiero huir y no puedo
De tus lindos ojos negros.

No puedo estar
Si no los veo
No me quiero alejar
Pues muero creo.

Cuando te veo
Frente a frente
Siento que viajo
A un mundo diferente.

Y si tú ríes
Oh, qué gran dicha,
Si estoy contigo
Yo voy sin prisa.

Aunque no creas
Quiero que seas
Mujer hermosa,
Toda mi vida
Toda mi prosa.

OLVIDATE

Ayer te vi pasar de largo
Y tu desprecio se hizo evidente
Y miles de recuerdos como caballos en tropel,
Volvieron presurosos a mi mente.

¿Cómo hacerte entender
que nuestro pasado
en algún cementerio del olvido
quedó enterrado?

Lo que pasó, pasó,
Y nunca podrá ser borrado
Nos toca a nosotros seguir adelante
Y no volver al camino andado.

Dice un poema que no hay camino
Y se hace camino al andar
Igual nosotros decidimos
Si estamos dispuestos a amar.

OLVIDO

Llegaste al atardecer
Justo cuando menos lo esperaba
Tocaste a mi puerta
Cuando con mi soledad me bañaba.

Lejos en el horizonte
El sol apenas se ocultaba
Y tú con tu presencia
Una nueva mañana despertabas.

Quizá fue casualidad
Que nuestras almas solitarias se encontraran
O la energía positiva de uno y otro
Que hizo que cómo imán se juntaran.

La noche se hizo día
El día más claro a soñar me invitaba
Y yo perdido en el desierto
Dejé la realidad, por fin, abandonada.

OTRA VEZ

Nuevamente
nos volvemos a encontrar
Y mis ojos se humedecen
Al pensar
Que la vida
Que pudimos juntar
Se me escapa como el viento
Entre mis manos
Muy difícil de atrapar.

Nuevamente
Respiro el aire de la vida
Que tu ausencia
Un día se llevó.

Ilusiones apagadas
Que en lo obscuro de la noche
Ruegan ser prendidas
Con el fuego del amor.

PACTO

Te dije cerca al oído
Algo que con atención buscabas
Que me había llegado el olvido
Y ahora tú me gustabas.

Y volteando hacia mi
Tu bien y linda cara
Me dijiste "quiéreme a mi"
Y lo demás lo olvidara.

Y el pacto que hicimos
Con un beso fue sellado,
Y de acuerdo estuvimos
En olvidar nuestro pasado.

Un nuevo horizonte asoma a mi vida
Lleno de paz y tranquilidad,
Devolviéndome mi fe perdida
Con cara de promesas y bondad.

PARA MI CRUEL VERDUGO

En una cerrada de ojos tuya,
firmaste mi sentencia de muerte.
En tu entrega ardorosa e inocente,
me lanzaste al desierto de mi suerte.

Los sueños que se habían forjado
los lanzaste en mil pedazos al abismo.
Y al hombre que te amó como nunca nadie
destrozaste la paz consigo mismo.

Los días soleados, grises se volvieron
y una manta negra me cubre de hastío.
Mi cuerpo no tiene fuerza para luchar más
y mi corazón está temblando de frio.

Mil puñales clavaste en mi alma
y la burla afrentosa afloró en tus labios.
Pero en esta vida nadie es eterno
y al final ajustarás cuentas con Dios.

Me estoy muriendo en vida poco a poco
y a nadie le importa o comprende.
Ven a darme la estocada final,
como al limosnero que a alguien la mano tiende.

Solo una ilusión lejana
me detiene de lleno caer.
Tú sabes a lo que me refiero,
yo no las quiero perder.

Solo un consuelo me queda,
antes de que por la tristeza vagar.
Que así como yo te he amado,
jamás a nadie vas a encontrar.

No te voy a maldecir,
mi corazón no sabe odiar.
Lo que realmente me preocupa
es que haya perdido
La dulce capacidad de amar.

Para no pensar en ti

Quisiera gritarle a los cuatro vientos
Lo mucho que te amo.
Quisiera que entendieran mis sentimientos
Que me hacen tanto daño.

Quisiera que tu recuerdo no dañara
Desgarrando las fibras de mi alma hasta morir.
Quisiera que mi corazón ya no llorara,
Quisiera ya no pensar en ti.

PERDI

Yo que jugué
Sin pensar en perder,
Me enamoré
De ti hermosa mujer.

Tú que para mi
Eres todo en la vida,
Tu esencia sin igual
En mi cuerpo está metida.

Y pensar
Que antes de conocerte
Era feliz sin verte
Y sin a nadie amar.

Pero tú llegaste
Y terminó mi incertidumbre
Me quemaste en tu lumbre
Con tus ojos me hechizaste,

Yo que fui tormenta
Huracán desencadenado,
Ahora estoy aquí
A tus pies postrado,
Le diste al clavo,
Ahora soy tu esclavo…

Pienso en ti

Me gusta sentirme
Como me siento contigo
Con la locura de un adolescente
Y la candidez de un niño.

Esa ternura que me inspiras
Me arrebata y enloquece
Y apareces y te esfumas
En el tumulto de la gente.

Si tu no, yo si,
Amo la vida y amo la gente
No me importa el futuro incierto
Si amarte a ti es mi presente

**¡El pensar en ti
Me mantiene en la batalla!**

Pérfida

Y yo pensando que tú me amabas
Tragándome las lagrimas que brotaban
Resulta que ya con otro me engañabas
Y tú y la gente de mi estupidez se burlaban.

Tragos amargos pasaron por mi garganta
Y un dolor en mi pecho al creer que sufrías
Sin saber que de por si la mujer no aguanta
A estar sola y de mi amor ya te reías.

Si ayer hubo dolor, hoy hay más,
El coraje de saberme engañado me acaba
De saber que es a otro a quien tu amor das
Sin importar el cariño que yo te ofrendaba.

Que coraje

Al calor de las copas
Tú quisiste ser mía
Y yo que tanto te amaba
Supe que no podría
Aprovecharme del momento
Sin tomar en cuenta el sentimiento
Porque esto que yo siento
Se ha convertido ahora en mi tormento.

Recorrí con mi boca tu piel ardiente
Y probé la miel que me brindaron
Esos labios tan jugosos y tan calientes.

Y ahora al saber
Que de mi futuro te esfumas
No me queda más
Que rechinar los dientes.

¿Quien?

¿Quién hará de tu cuerpo poesía?
¿Quién cambiara tu obscura noche
Por un bello día?
¿Quién podrá darte pasión y ternura en derroche
Tal como yo lo hacía?

Besos de fuego que nunca entendía.
Caricias de seda sin dejar reproche.
Llama que a diario encendía,
sin llegar a ser fantoche,
Amor que no merecía.

QUISIERA SER

Quisiera tener palabras
Y expresar lo que siento,
Quisiera tener amigos
Para siempre estar contento.

Quisiera ser una nube
Para que me arrastre el viento,
Quisiera que fueras mía
Aunque sea solo un momento.

Quisiera ser de ti
Y tu mi dulce tormento,
Y perdernos por siempre
Los dos en un momento.
¡Lamento!

QUISIERA

Quisiera decirte
Lo que yo te quiero
Pero tengo miedo
A que me rechaces.

Quisiera decirte
Que tu amor espero
Con tu cariño
Y tu cuerpo me abraces.

Quisiera ser poeta
Y con mi poesía
Dedicarte mil poemas
Y toda la vida mía.

Lanzar mis versos
Cual Cupido la saeta
Y atravesarte el corazón,
Conocer los universos
Solos los dos
Ardiendo de pasión.

¿QUÈ ERES?

¿Manantial o desierto?
¿Estrella o lucero?
Solo sé que te quiero
Sin tu amor yazco yerto.

Tu trinar un concierto
Mucho canto de jilguero,
Si te pierdo, se, me muero
De ese tiempo tan incierto.

Un andar cadencioso
Mirada alegre y viva
Junto a ti, perezoso.

No hay nadie que reciba
como yo, tanto gozo,
contemplarte así, linda, atractiva....

¿Qué pasa contigo?

Camino de un lado hacia otro
No puedo encontrar mi lugar
Creo que me estoy volviendo loco
Porque contigo no puedo hablar.

He intentado muchas veces
Por el alambre oír tu voz
Marco y marco y no contestas
Y eso me da una incertidumbre atroz.

¿Qué es lo que pasa?
¿En donde estas?
¿Es que hay alguien que te
Impide el poder contestar?

Quizás yo no sea la persona
Que tu vida merece
Yo solo quiero decirte
Que mi pensar te pertenece.

De cualquier manera
Esta será tu propia decisión
Si seguimos lo que sentimos
O hacemos caso a la razón.

REALIDAD

Arena, en una playa infinita
Castillos de mármol, oro y marfil
Imponentes murallas de acero
Más fuertes que el añil.

Valle verde de flores silvestres
Que se extiende hasta no ver
Más allá del bosque obscuro
Más allá de lo que se deba tener.

Pies descalzos en pasto verde
Corazón abierto de cara al viento
Agua que se baña en el agua
Tan cristalina como el sentimiento.

De pronto llega un tornado
Ataca y arrastra con todo
Y sólo deja a su paso
Más arena revuelta con lodo.

Sola, eres para chicos y grandes
Una diversión sin fin
Pero es tonto el que como yo
Quiere edificar sobre ti.

Es que fue un sueño efímero
Donde ni soy el último ni el primero.
Es hermoso, pero se aferra a lo que es verdad
Y se despierta a la siempre punzante realidad.

RESPUESTA

Me preguntaste una vez
Como es que tenía tanta amargura
Una persona de mi edad.

Y te respondo cortes,
Mi alma no conoce la ternura,
Solo y diariamente… soledad.

Mis manos no han tocado la tez,
Ni mis labios saboreado la dulzura
Que da la felicidad.

Si tú te quedas y ves,
Verás que mis desplantes de locura,
No! Solo busco ser feliz en verdad.

RETRATANDOTE

Si lo que me dicen tus labios
Encierran la verdad
Si con el embrujo de tus labios
Troncaras mi terquedad.

Si tus ojos llenos de inquietud
Como el huracán que embravece a la mar,
Con la zozobra del barco a naufragar
O como el verano en su plenitud.

Y tú pelo al espacio suelto
Desafiando siempre al aire de Octubre,
Con tu cuerpo sutilmente esbelto
Que una leve tela cubre.

Tu belleza no es arrebatadora
Ni incita a la pasión,
Es más bien como el otoño
Para amar con el corazón.

Por tus ojos, cuerpo y boca,
Soy capaz de ir contra el viento,
Dame el beso que tu amor provoca
Que de ti estoy sediento.

RETRATO

Un camino andado que se borra
Súplicas de amor quedan atrás
Verano ardiente en círculo vital
Invierno frío, duro, como jamás.

El retrato de una vida triste
La marca quemante de la realidad,
Figuras obscuras llenas sin forma,
La vida de la soledad.

Un sentimiento que arrasa,
El amor tardío, retraso mental,
Jardines colgantes que al toque caen,
Arquitectura errónea, fracaso total.

¿Y si fuera un sueño?
La noche camina
o tal vez ¿una pesadilla?
El tiempo nunca termina.

La vida un suspiro de segundo
Manantial de ansia de vivir,
El viento que gime, se esparce,
Se adhiere a la nada para no morir.

Mi amiga Rosy

Por todos aquellos
Que no han sabido llegar a tu vida
Por esos que al querer acercarse a ti
Solo han visto una torre en todo su esplendor erguida.

Flor salvaje de aroma sutil
Piedra preciosa aun no refinada,
Paredes de perlas, oro y marfil
Qué esperas sin prisa la persona indicada.

Camina segura hacia la meta trazada
A paso lento aunque parezca de caracol,
Que aunque en tu vida parezca noche helada,
Llegará el día que tocarás el sol.

SENTIMIENTOS ENCONTRADOS

Te quiero
O no te quiero,
O ¿no te amo?
Suspiro por ti
O ¿por quién suspiro?
De ti ya nada espero
Tu amor era un bálsamo,
Remedio para mí.

Y todo por la culpa
De los hados
Pues ahora tengo
Sentimientos encontrados.

No sé, que me extraña más,
Si el haberte amado,
El haberte olvidado,
O de nuevo volver a amar.

Y todo por que eras
La reina de las flores,
Ahora te digo, de veras,
No quiero que llores.

Pero eso
Pertenece al pasado,
Lo que es bueno
Un tiempo,
Después está acabado
Aunque se haya…. Cuidado.

SI VOLVIERAS

Si tú volvieras
Yo volvería a nacer,
Si tú quisieras
Te volvería a querer.

Porque tú me enseñaste a querer
Sufro tu cruel abandono
Porque mucho te he amado
De corazón yo te perdono.

Y volver a vivir
Y volver a pasear,
En la banca de un parque
Tus labios besar.

Tomados de la mano
Juntos el mundo caminar,
Sobre todas las cosas
Volver a empezar.

SINCERO

Si quieres llorar, llora
Para desahogar tus penas
Que no son buenas
El guardarlas en el corazón.

Si eres feliz
Grita que lo eres,
Di a quien prefieres
Y componle una canción.

Si estas triste
no demuestres tu pena,
al contrario, se alegre
y aleja la ajena.

Si te sientes el ser
Mas desdichado del mundo,
Has una plegaria a tu Dios
Desde lo más profundo.

Si alguien te cuenta sus penas
Trata de comprenderlo,
No le des la espalda a nadie
Y todo... podrás hacerlo.

Solo un sueño

Anoche soñé contigo
Y quisiera que ese sueño
Se volviera realidad
Que tu vivieras conmigo
Y que yo siendo tu dueño
Alcanzáramos juntos la eternidad.

Soñé que volaba
Y en tus brazos caía
Un fuego de pasión nos abrasaba
Haciendo una tu alma y la mía
Y tu boca que ardiente me besaba
Cayendo en un abismo de alegría.

Oh! Que dolor el mío
Sumido en esa hermosa fantasía
De abrir los ojos y sentir el frio
Mientras cielo y tierra se unía
El dulce gozo que en mi pecho murió
Al darme cuenta que tan solo dormía.
Buenos noches vida mía!

Solo yo

Quiero con mis caricias borrar
La huella que otras manos dejaron en tu piel.
Quiero recorrerte toda suavemente
Con besos que nazcan en tu frente
Delineando tus curvas hasta tu pie
Y que mis besos te sepan a miel.

Que tus ganas de amar y ser amada
No sea lo que el viento se llevó
Que la frustracion y desaliento se esfumen
Y en tu corazon solo exista yo
Y verte soñando enamorada
Como la noche que mi boca te beso.

SOY CELOSO

Soy celoso
Cuando te quedas pensativa
Soy celoso
Cuando tomas la iniciativa.

Cuando me miras fijamente
O respondes tristemente.

Pero más celoso soy
Cuando estás entre mis brazos
Y me dices "ya me voy"
Más te estrecho en mis abrazos.

Soy celoso
Cuando vas por la calle,
Soy celoso
Cuando dices que yo calle.

Cuando te vas rápidamente
O me ves fríamente.

Pero más celoso soy
Cuando a mis besos no respondes
Y tus caricias escondes,
Por eso, celoso yo estoy.

SUEÑO DE AMOR

Toda la vida
Yo me estaría contigo
Cada minuto
Yo besaría tu boca,
Hora tras hora
Solo amándote,
Y cada día
Yo más te amaría
Que en cualquier tiempo.

Porque tus ojos
Me hipnotizaron
Y tus caricias
Me embrujaron,
Y nuestras almas
Que se amaron,
Oh, dulce hechizo…
Sueño de amor.

SUEÑOS

Perdernos en una isla,
Aislada y misteriosa,
Mirar al cielo
Color de rosa.

Andar en barco
O en una lancha,
Pero siempre amando
En avalancha.

Fundir el hielo
Del polo norte
Que no haya nada
que nos soporte.

Visitar la luna
O el universo
Con solo mirarte
Y darte un beso.

Así es
Si en sueño voy,
Y de pronto…
Que tonto soy.

SUPLICA

Oye mi voz
Que a tu ventana
Suplicante viene
Escucha por Dios
Esta mañana
El canto triste
De quien nada tiene.

A quien por tu amor
Una mirada mendiga,
Y que solo le das
Cuando quieres ortiga.

En tus ojos claros
Yo me quiero ver
Esclavizado a tus brazos
La esencia de tus labios
Me quiero beber.

TE AMARE SIEMPRE

Qué triste es
Estar lejos de ti
Oyendo los discos
Que a ti te gustaban,
También las canciones
Que te hacían llorar.

Se hace de día,
Luego viene la noche,
Eso siempre pasa,
Pero en mi mente,
Eso tú lo sabes,
Nunca pasarás.

Aunque llueva o truene
Y en las tempestades
Siempre tus verdades
Firmes estarán.

Para cuando vuelvas
Mi amor te reafirme
Que nunca hubo nadie,
Que nunca lo habrá,
Que siempre en mi alma
Tu amor existirá.

TE AMO

Cuántas mujeres
Por mi vida pasaron
Muchos momentos
Que ya se olvidaron.

Pero llegaste tú
Con tu cara angelical,
Con tu modo distinto
Y tu sonrisa sin igual.

Y desde ese momento
De tu amor quede prendido,
Perdí mi dignidad
Mi orgullo se ha acabado.

Y a todo este amor
Tú le pagas con desdén
Y en mis noches solitarias
Desde el fondo de mi alma
Yo te grito, VEN…

Que aunque mal hayas pagado
Todo queda olvidado,
Mi cariño no ha cambiado
Si te alejas, estoy acabado.

Aunque me hayas traicionado
Por favor vuelve a mi lado,
Aunque digas que estoy chiflado,
Aun de ti, sigo enamorado.
Y desde el fondo de mi ama
Y las fibras de mi cuerpo
Yo grito, ¡ TE AMO…!

¿Te animas?

Si el amor esta, todo es fantasía,
El roce de tus manos, caricia de tu piel,
Miradas que arden del deseo
De entregarse al amor con sabor a miel.

Sentir a la persona amada
Envuelta entre los brazos propios.
Sentirse el hombre que protege
A su amada de todos sus acopios.

Haciendo planes a futuro
Soñando en lejanos universos
Y sellando ese pacto sagrado
Con un concierto de besos.

Oh, amor! Bienvenido seas
Y quédate siempre aquí
Que al pasar del tiempo quiero que veas
Que es posible llegar a ser feliz.

¿TE DIGO?

Mis manos en su lenguaje,
Quieren su sentir expresar,
Decirte suave y cálidamente
Cuanto te han llegado a extrañar.

Su lenguaje es el amor,
Su mensaje la ternura,
Su meta el poder tocarte
En un tiempo que perdura.

Ellas no saben de desprecio
Y no entienden la indiferencia,
Un cosquilleo las estremece
Tan solo con tu presencia.

Si algún día sientes deseos
Que el amor llegue a tocarte,
Tú sabes en donde están
Déjalas de amor hablarte.

TE NECESITO

No quisiera amarte
Pero te amo,
No quisiera quererte
Pero te quiero,
Yo quisiera olvidarte
De mi mente apartarte
Pero es imposible
No puedo, no puedo.

Te busco en las noches
Por las calles solas,
Y solo me encuentro
Con que tú no estás.

¿A dónde te has ido
Con quien estás ahora
No ves como he sufrido
Y mi alma llora?

Regresa conmigo
Que te haré feliz
Que el amor escondido
Salga a relucir.

Cuando yo te mire
A los ojos, bella,
Voy a imaginarme
Que miro a una estrella,
Bella, bella...

TE QUIERO

Como explicarte
Lo mucho que te quiero
Como demostrarte
Que mi amor es sincero.

Que pasan las horas
Y me desespero
Por verme en tus ojos
Que son mi lucero.

Por besar tus labios
Que son néctar de la vida,
Por llegar a cumplir
La ilusión prohibida.

Que quiero ser tuyo
Y si quiere el arcano,
Perdernos, tomados de la mano
De la noche, en su murmullo.

Toma mi mano

Ven, toma mi mano
Y emprendamos juntos el camino
De un futuro incierto
Pero desafiando nuestro destino.

No, no tengas miedo
Que juntos y unidos lograremos
Que las aves levanten el vuelo
Y que sol y tierra se fundan en los cielos.

Que al caer de cada día
Nuestro amor se haga más profundo
Y que el estruendo de nuestros besos
Despierte a todo el mundo.

TRISTE LAMENTO

Grito, necesito que alguien escuche
las tonterías que traigo en mi mente.
Que alguien entienda el dolor que sin razón
Me agobia constantemente.

Tengo mucho amor dentro de mi pecho
Listo para explotar como un manantial.
Tengo muchas caricias encerradas en mis manos
Caricias que nadie ha querido,
Que a nadie le han importado.

Y besos, muchos besos que se han puesto en espera
Dejando mis labios como flores secas en el desierto
Marchitadas por falta del líquido vital
Y sin la esperanza de algún huerto.

Todo mi ser me grita, ¡Que viva, que ame!
Y se desespera al pasar del tiempo
Cada día con un brillante sueño
Y yo sigo como perrito sin dueño.

Si quiero llorar
¿Hay alguien a quien le importe?

TROPIEZO

Si ya había andado el camino
Y supe de sus tropiezos
Como es posible que otra vez
Lo tomara, tan solo por unos besos.

Creí que sabía de la vida
Y no me volverían a lastimar
Hoy caigo en un abismo sin fondo
Quien me manda volverlo a intentar.

Si en río revuelto hay más pesca
Y del árbol caído se hace leña
Aprovechen antes de que perezca
Lo bueno y malo que la vida me enseña.

TU BESO

Un sueño,
Un ver la luz
Dejando a bruma.
Llegar a las estrellas,
Contemplar el universo,
Andar en el acojinado
Y suave mundo de las nubes.
Sentir tu ternura
Cual la seda fina.
Arrasador como el huracán
En torbellino de pasión.
Más dulce que la miel
Del mejor escogido panal.
Embriagador como el
Mejor vino añejado.
Suave y perfumado como
Las más exóticas flores.
Estar en presente
Y vivir en futuro,
Gozar la gloria
De un beso…
Un beso tuyo.

Tu dilema

Siempre que escucho aquella canción
Que a mi partida me dedicaste
Siento una opresión en mi pecho
Y el agua en mis ojos que quieren mirarte

Sé que lo nuestro no está prohibido
Solo se interpone el yugo familiar
Si tu esperas yo espero
Y juntos dejamos el tiempo pasar.

TU LLENAS MI VIDA

Tú llenas mi vida
Vacía por dentro
Que con solo verte
Mi pobre alma
Se llena de contento.

Tú llenas mi vida
Con que solo me mires,
No pido tu amor,
No pido tu cuerpo,
Tan solo tú presencia.

A mi cuerpo le dan
Espasmos de alegría,
Y es una tontería,
Eso que él dice
Que se llama poesía.

Tú llenas mi vida
Y no sé qué hiciera
Si un día tú te fueras,
Creo que de dolor
Mi alma se muriera.

TU

Te vi en la distancia sentada
Charlando contenta y feliz,
La cobardía me atravesó el pecho como espada
Y evito que te fuera a interrumpir.

Un manto de agridulce tristeza
Envolvió poco a poco todo mi ser
Y una fuerza ajena a mi entereza
Me alejo de ti sin querer.

Gracias por esos agradables momentos
Que al tiempo robamos los dos
Y por esos encontrados sentimientos,
Perdón, no he aprendido a decir adios.

TUS OJOS

Cuando fijamente te miro
Y tú haces lo mismo,
Brota de mi pecho un suspiro
Al ver que ahí no hay hermetismo.

Lago de aguas azules y cristalinas
En medio de la noche y de la luna,
Me parece ver a las ondinas
Meciéndose en celestial cuna.

Ojos que reflejan paz
Y ternura que mi alma necesita,
Que se amoldan a tu faz
Y te vez más bonita.

Tu alma me habla con los ojos
Y me besas con la mirada,
Yo busco tus labios rojos
Y de Bécquer es la rimada.

Tómame

Estoy seguro que no entiendes
La necesidad que tengo de amarte
Mucho más seguro que no comprendes
Que por tu amor, mi vida quiero darte.

Lo que tú ames, también amaré,
Lo que tu odies, así lo entenderé.
Si tu lloras, contigo lloraré,
Si amas, el objeto de tu amor seré.

Hazme un rinconcito en tu corazón
Aunque sea el rincón más obscuro
Y si el mundo se niega a tu razón
Yo seré lo único que tengas seguro.

UN POBRE ROMANTICO

Romántico tenía que ser
Para pensar
Que miles de obstáculos
Puedo enfrentar.

Que se me ponga enfrente
Gigante cualquiera,
Que lo combatiré
Aunque me muera.

Llegar hasta ella
Por la ventana,
Para luego irme
Por la mañana.

Ante nada, ni nadie
me detendré
Que para ella
Mi vida ofrendaré.

Andar del brazo
Por la banqueta,
Carro, moto,
O en bicicleta.

Andar el mundo
Una y mil veces,
Disfrutar en pleno
Todo, con creces.

Una mano que se desliza por la
Nuca, haciendo contacto con la piel
Anacarada de tu cuello

Cuando te toco tu cara, tus labios
Ansioso de encender tu llama,
Recurro a la caricia
Incapaz de resistir tu
Cuerpo que me
Indica que te haga el
Amor, cariño…

El amor nos incita
Lo mueve todo

Acarrea problemas y
Mieles de sabores,
Oro y plata es,
Romance sin revés.

Un beso tuyo
Nunca se olvida

Besas tan ardientemente que
Estremeces de placer
Solo con acercarte
O sentir tu aliento que me

Transporta a
Un mundo desconocido
Y fantástico
Ondulante y de dulzura.

VEN

Ven, no temas amar
que es como si tuvieses
miedo de respirar.

El respirar
mantiene erguido el cuerpo
efímero como es su andar.
El amor
le da vida al alma
y ánimos de vivir al corazón.

Deja que el viento
acaricie tu piel sedosa
y los rayos del sol
penetren tus poros de rosa.

Deja que el amor
te susurre al oído sus antojos
palabras dulces llenas de esperanza
y con caricias cierre tus ojos.

Y recibe el aliento
de toda el alma anhelada
que día a día se entrega a ello
el amar y sentirse amada.

VERTE

Quiero ser tu novio
Tu amigo, tu amante
Quien te atienda como reina
Tu pensamiento constante.

El brillo de las estrellas
Quiero verlo a través de tus ojos
Quiero estar si sientes soledad
Ser la calma en tus enojos.

Que tu piel de porcelana
No viva sin mi roce
Y tu cuerpo de diosa
Sólo con el mío se goce.

Y en las noches frescas o tibias
Quiero ser tu insomnio o tu arrullo
Y en el amanecer del nuevo día.
Mi corazón despierte junto al tuyo.

VOLEMOS

Como quisiera decirte
que no me gustaría perderte
si ni siquiera me atrevo a acercarme,
Ni tampoco mirarte de frente
y mis piernas me tiemblan al verte.

Sí, soy un cobarde,
porque el pensar en perderte me aterra.
Y como he de alcanzarte
si tú vuelas en cielos azules
y yo sigo aquí, anclado en la tierra.

Ven a mi lado, detén tu vuelo.
y como mascota a su amo, te sigo.
Para demostrarte lo mucho que te amo
y realizar mi soñado dorado
de aprender a volar contigo.

A FRIEND

A real friend
Is a treasure you keep apart
When is alive or has to depart
There is a special place for him
Right down in your heart.

If it is for a short period of time,
Or a lifelong of friendship,
Be thankful for that,
And know who to worship.

You are the only one that knows
How deeply it hurts, and how wide.
As your friend, I am sympathetic to your pain,
And I stand by your side.

A KISS

Heaven open its doors
And send us a ray of hope
That soothes our inner soul
And covers the problems we cope.

A celestial choir sings
That the angels get full of envy,
all because you smile.

If a smile of you causes
Reactions I don't want to miss
I just cannot imagine
What would be with a kiss.

A POOR BIRD

Once upon a time
A Little bird wanted to fly
Soar the vast blue sky
Opening its wings
With an eagles might.

It was getting there
It could touch the clouds
Feeling the cold wind
That only the intrepid allows.

But all of the sudden
Something broke its better wing
Shattering all of its dreams
Bringing melancholy to its sing.

AGAIN

One more time or once again
My heart has given me a lecture
Of not trying that our understanding
Wants to govern over the feeling
When this is the one that controls passion.

Once again
I wanted to give away my heart
Without thinking that in order to do that
He Is the only one that needs to want it,
Because he surrenders without reason.

For more that our mind
Makes efforts in this worldly logic
Love put us a courtroom
And a great emptiness becomes latent.

COLDNESS

Not a word from your mouth
Just the coldness of your eyes
It is all that I am allowed
The hot feeling of a cube made of ice.

There are smiles and many laughs,
For everybody you have a space.
But when my person gets close by
You paint a frown in your face.

FACT

Like when somebody is ready to die,
and we do not want them to leave.
Is the same way in friendship.
We do not want that to disappear.

Life, love, and pain,
there is so much to be said.
But the eternal truth always remain,
that every beginning has its end.

FULL OF LONELY LOVE

I scream.
I need someone that listens
to the stupidities that I have in mind.
That someone understands the pain that
Without reason hurts me constantly.

I have a lot of love inside of my chest
Ready to explode like a fountain.
I have a lot of caresses locked up in my hands,
Caresses that nobody has wanted,
Nobody has cared about it.

And kisses,
lots of kisses that have been lost in space.
Leaving my lips like dry flowers on the desert
Wilting for the need of the vital liquid,
And with no hope of a foster garden.

My whole being yells at me, to live, to love!
And gets desperate because time passes by
Every day with a shinny dream,
And I still like a dog without leash.
If I want to cry,
Is there anybody that cares?

HEATHER

Today thinking about you
I fell an unknown joy
That got through me.

I thought in your kisses of ingenuity
And your butterfly caresses
In the way you look at me
And in your smiles like a bouquet of roses.

What you have given me
And what you still will give
Is the happiness that I always crave for
And never ever I want to be alone

With all this happiness
That I feel inside of my being
I can`t get used to the idea
That someday you will leave and not comeback.

I give thanks to God
For giving me so much joy
In good and bad times
I love you my little girl.

I love you

Although we see each other
When we are sound sleep
We dream close together
And our love is deep.

Disagreements?..few
Financial? … no money…
However every day is new
And we mean saying honey.

Sometimes rains on wet.
Sometimes the sky is blue.
Because your arms are my net,
That's why I LOVE YOU.

IF I COULD

If I were a painter, I will draw
A smile on people's face
And if I were wise, a positive thinking,
so deep into their mind.

But, I see bitterness
Adhered on their face
A lost sight and frown
Of who does not wait for a thing.
Lifting resentment on their shoulders,
Sadness hanging on their arms,
And hopelessness tied to the waist
Dragging at their behind,
Uncared, tattered, tired dreams,
Following their wary steps
In hope for just a look.

In what moment and which way
Life became a load,
Instead of a blessing?
What strange force took over their being?
And what was its motive to kill their illusion?

I want to know how,
If there is some way,
To infuse happiness on their hearts,
And take ownership of our childhood,
Big desire of living.

KAREN'S MOM

Opening ways on fields of thorns,
So I didn't have to experience pain.
Always ready to protect your little girl
When problems poured like rain.

I don't know if you can see me.
I don't know if you cannot.
I do know that you pray for me,
And put me in the hands of God.

You were the greatest, still the best.
You made me feel so loved, so secure, so good,
That I feel that I didn't say often enough,
Mom, "I love you, too".

I know that you loved me above all,
And you taught me most of what I know.
But you didn't teach me
How to live without you,
How to let it go

You will live in my heart,
the rest of my days.
Enjoy God's blessings.

Like nights of summer

I only need to think about you
And my blood stream runs hotter than ever
My mind roams through naughty thoughts,
you in it. It can never think clearly.

The waves you make when you walk
Touch the most intimate fibers of my being.
I want to make wild love to you
And let our bodies together sing.

And when the passion of our first encounter fades
And our blood comes back to take its way.
I want to kiss and hold you firm and tight.
And, soft and tender, make love to you again.

MEETING YOU

There was a cloudy evening when I decide to go out for a walk.
The north wind slapped my face like a thousand very sharp knives
As soon as I opened the door.
I felt lonely, so myself and I got into a talk.
How warm will be if we could be between all Solomon's Wives
Just lying there on the floor?

Remains of ice all over the place freezing up my feet,
While I build imposing Arturian`s castle on the cold air
With fumes going up chimenies.
Getting for an empty bench to sit, and you were there,
Beautiful eyes that made me reminisce.

A tender feeling in my heart took place like a running stream.
The whole universe stopped at the moment our eyes met,
And my mind got blocked of any logic thought.
I started a new life on that moment of dream,
And I let myself softly fall in that promising net
Cover with music of melodious note.

My little dear

You come in my sleep
And wrap your arms around me,
Saying sweet words close to my ear.
You are the guard angel that protect me
Taking away from my heart all fear.
I feel so good, because you are here.

But I wake up,
And you have already left,
Leaving behind a big abyss of emptiness.
You took away the joy I used to have,
My friend that always listened to my crazy thoughts.
My playmate that cheered me up,
anytime I got bored.
In short, I am missing you so much,
But you are already gone.

MY VENUS

I feel the need
Of talking to you
The sound of your voice
And your laughing too.

There is a spot in my heart
That shines for its emptiness,
It is like I am coming back
On time to find my loneliness.

Kick your feelings out of the closet
Let the true you be free.
Make the sparks of satisfaction,
Your new living. Your new creed.
Baby, let it be.

PHYLOSOPHIC?

There is some kind of joy in ignorance,
And some pain involved in knowledge.
Knowledge makes you aware of the world around you
Ignorance gives you no stress,
Knowledge without sharing is like a tree with its
Branches full of fruit in the middle of a desert,
Where no living being creature can get the filling food.
It will dry out without leaving a good memory,
A story to tell. Not forgotten, not ignored, but worst
Than that, unknown.

When you share your knowledge, you give away
A part of yourself, but when you do that it fills you back.
So, when you receive too.

I don't have anything against ignorance, because
Somewhat all of us are ignorant on so many subjects or
Themes. However, it is my belief that there is
Something worst than ignorance, apathy of knowledge.
Not fulfilling the goal of being alive-homo sapiens-learn-share-
Care- love.
Some knowledge hungry people
Are waiting for you. Give yourself up.

THERE WAS A TIME

There was a time in my life
When my mind didn't have space
For anything else.

There was a time
when I wanted to send you flowers everyday
with my heart attached to every one of them.

There was a time,
When I could put my life in your hand,
And being away from you couldn't stand.

Yes, there was a time,
That I wished it would last,
And now is only in the past.

WINTER

With its cold and long nights
Dancing around my bed
Making me wish in my sleeplessness
The warm company of a dame.

Frozen blankets cover my skin
Waking up on a desolate morning
awakening of winter
Needles of loneliness hurting my being
Making my suffering eternal.

But there is nobody who suffers all the time
All of the sudden life becomes beautiful
Leaving the past in the remembrances
And opening way to the future
Beside of my lovely wife.

WISHING

I wish a clear cloud would cover your eyes
And you could not distinguish anybody just me
And every day in your nightly prayers
You forget everything and you could say only my name.

That your juicy and fresh lips
Only with mine could vibrate
And that divine skin, of fine wool
Could only let my hands to touch
And in your clear nights full of dreams
Only my image you would like to find.

And that all poems written until now
Give a new definition to the word love
That our bodies get united at the rhythm of the wind
And in an eternal sigh together be lost

YOU ARE HERE

Just feeling you, let me know
That I am still alive.
Filling my lungs with your scent,
It's breathing pure life.

Although I need to draw you with my eyes,
And hear of your voice that sweet sound,
I am filled with joy
Just knowing that you are around.

YOU COMPLETE ME

You are the forbidden fruit
That my palate craves for
The compass that I need
To find the right direction in life.

A fountain where I come
To satiate my thirst.
The fresh air
That I need to breath.

If I'm the flower
You are the sun.
If I'm the wave
You are the sea.

In others words
You are my beginning
And hopefully, together,
Will be my end.

Printed in the United States
by Baker & Taylor Publisher Services